Con ilustraciones para un aprendizaje integral

LA HISTORIA DEL ALMIRANTE YI SUN-SIN

hecha fácil para niños y adultos por igual!

Woosung Kang

Copyright © 2025 by Woosung Kang
Todos los derechos reservados. Ninguna parte de esta publicación puede ser reproducida, distribuida o transmitida en cualquier forma o por cualquier medio, incluyendo fotocopias, grabación u otros métodos electrónicos o mecánicos, sin el permiso previo por escrito del editor, excepto en el caso de breves citas incorporadas En revisiones críticas y ciertos otros usos no comerciales permitidos por la ley de derechos de autor.

Para solicitar permisos:
marketing@newampersand.com

ISBN 979-11-93438-24-4

& NEW AMPERSAND PUBLISHING
newampersand.com

Para más libros útiles

"¡Waaah! ¡Waaah!"

Hace mucho tiempo, en Geoncheondong, Joseon (ahora Seúl), ¡nació un bebé con un fuerte y vigoroso llanto! !

¡Se llamaba Yi Sun-sin!

Yi Sun-sin era un niño enérgico al que le encantaba jugar con sus amigos.

A veces, incluso gastaba bromas a los adultos y disfrutaba montando a caballo.

Pero Yi Sun-sin tenía un sueño especial:

"¡Me convertiré en un general que proteja a mi país!"

Desde muy joven, tuvo una gran determinación. Así que Yi Sun-sin comenzó a entrenar para dominar las artes marciales. Practicaba tiro con arco, blandía su espada con precisión y se entrenaba a caballo.

En 1572,
a los 28 años, Yi Sun-sin se presentó al examen de servicio militar.

"¡Arre!"

Galopó ferozmente sobre su caballo durante la prueba.
Pero, de repente, su caballo tropezó y cayó.

¡PUM!

Yi Sun-sin fue arrojado al suelo y se rompió la pierna.

La gente a su alrededor jadeó, diciendo:

"Yi Sun-sin nunca podrá volver a levantarse".

Pero Yi Sun-sin no se rindió.

"Me volveré a levantar, ¡pase lo que pase!"

Utilizó una rama de sauce como tablilla para su pierna herida y se puso en pie una vez más.

Aunque suspendió el examen, todos los presentes en el lugar del examen lo admiraron como un gran guerrero.

Después de trabajar aún más duro, cuatro años después, en 1576, a la edad de 32 años, Yi Sun-sin volvió a presentarse al examen militar y lo aprobó con orgullo.

Al principio, a Yi Sun-sin se le dio un pequeño puesto de gestión de soldados.

Pero nunca descuidó el entrenamiento y siempre se preocupó por sus soldados para ayudarles a hacerse más fuertes. Sobre todo, siempre fue honesto y siguió los principios.

One day, a high-ranking official named Seo Ik gave Yi Sun-sin an unfair order and asked him to do something illegal for his own benefit.

Pero Yi Sun-sin respondió con firmeza,

"Debemos defender las leyes y los principios de la nación".

Debido a esto, Seo Ik guardó rencor a Yi Sun-sin y quiso vengarse. Seo Ik inspeccionó en secreto la unidad militar de Yi Sun-sin.

Pero la unidad de Yi Sun-sin estaba perfectamente preparada. No se encontraron fallos en ninguna parte. Sin embargo, Seo Ik presentó un informe falso:

"¡Yi Sun-sin no está dirigiendo el ejército correctamente!".

Al oír esto, la corte real destituyó a Yi Sun-sin de su cargo.

¡Imagínate lo injusto que debió de sentirse Yi Sun-sin!

Pero no se rindió.

"Un día, volveré a proteger a Joseon".

Afortunadamente, cuatro meses después, Yi Sun-sin fue reincorporado como general. Pero tuvo que volver a un rango inferior al anterior.

"¡No importa, siempre que pueda servir al país!"

Yi Sun-sin nunca renunció a su determinación de proteger a su país. Y unos años más tarde, se le encomendó la tarea de defender Nokdundo, una pequeña isla en la desembocadura del río Duman, más allá de la cual se encontraba la tierra de los jurchens.

"¡Debo defender este lugar a toda costa!"

El general Yi Sun-sin luchó valientemente por su país y su pueblo. Sin embargo, un comandante militar de la provincia de Hamgyeong del Norte llamado Yi Il lo acusó falsamente.

"¡Yi Sun-sin no protegió a Nokdundo!".

En realidad, el general Yi Sun-sin había solicitado refuerzos de antemano, pero la corte real no se los concedió.

El rey y sus oficiales sabían que Yi Sun-sin había luchado con valentía a pesar de estar en inferioridad numérica.

Pero no pudieron evitar castigarlo por razones políticas.

Al final, Yi Sun-sin fue azotado y despojado de su rango militar, sirviendo como soldado raso en la guerra.

Pero como Yi Sun-sin aceptó de buen grado el castigo, aunque fuera injusto, demostró su lealtad al rey y a la nación, lo que causó una fuerte impresión en el rey Seonjo y en la corte real.

"¡Este general no es un hombre corriente! ¡Luchará por nuestro país hasta el final!".

Yi Sun-sin esperaba otra oportunidad para servir a su país. ¡Y por fin!

En 1589, Yi Sun-sin fue nombrado magistrado de Jeongeup, en la provincia de Jeolla.

Jeongeup era un pueblo tranquilo donde la gente vivía de la agricultura.

Pero los aldeanos sufrían bajo la tiranía de funcionarios corruptos.

En 1591, Yi Sun-sin fue nombrado comandante naval de la provincia de Jeolla del Sur.

Ahora, tenía el importante rol de liderar la armada de Joseon desde la base naval de Jeolla del Sur (actual Yeosu).

"¡Es hora de volver al mar!"

El 13 de abril de 1592, el ejército japonés se reunió frente a la costa de Busan y lanzó su ataque.

Joseon se sumió en el caos por la repentina invasión.

El ejército japonés capturó rápidamente Busan y Dongnae, y luego marchó hacia Hanyang (actual Seúl).

El ejército de Joseon contraatacó, pero siguió perdiendo, y finalmente, el rey Seonjo tuvo que huir hacia el norte, a Uiju.

Pero el almirante Yi Sun-sin ya había intuido que se avecinaba la guerra y se había preparado con antelación.

En mayo de 1592, el comandante Won Gyun, que defendía las aguas frente a Goseong, en la provincia de Gyeongsang, solicitó ayuda urgentemente al almirante Yi Sun-sin.

Sin dudarlo, el almirante Yi Sun-sin partió con unos 80 barcos.

Cuando llegaron a las aguas frente a Okpo, había allí unas 30 naves japonesas con banderas rojas y blancas.

Algunos soldados japoneses saqueaban aldeas en tierra y les prendían fuego.

En ese momento, la armada de Joseon lanzó un ataque repentino.

Se movieron rápidamente, hundiendo los barcos japoneses uno por uno.

Destruyeron hasta 26 barcos y derrotaron a muchos soldados japoneses.

¡Así es como la armada de Joseon logró una brillante victoria en su primera batalla contra Japón!

After their great victory at the Battle of Okpo, Después de su gran victoria en la batalla de Okpo, la flota del almirante Yi Sun-sin navegó más allá de la isla de Geoje y se dirigió hacia las aguas de Yeongdeungpo.

¡Justo entonces! Llegó un informe urgente.

"¡ALMIRANTE! ¡CINCO BARCOS JAPONESES ESTAN PASANDO!"

El almirante Yi Sun-sin dio la vuelta inmediatamente a sus barcos y comenzó a perseguir a la flota japonesa.

Navegando rápidamente en persecución, finalmente llegaron a Happo (actual Jinhae).

Sin embargo, cuando los soldados japoneses vieron acercarse a la armada de Joseon, abandonaron sus barcos y huyeron a tierra.

Al amanecer del día siguiente, la armada de Joseon recibió más información crítica:

"¡HAY BARCOS JAPONESES EN GORIYANG, EN JINHAE!"

El almirante Yi Sun-sin y el comandante Won Gyun dividieron su flota en dos grupos y zarparon.

Cuando llegaron a las aguas de Jeokjinpo, encontraron 13 barcos japoneses anclados y descansando. El almirante Yi Sun-sin gritó:

"¡Ahora es nuestra oportunidad! ¡Atacad!"

La armada de Joseon cargó valientemente y destruyó los 13 barcos sin dejar ni uno solo.

El 29 de mayo de 1592, el almirante Yi Sun-sin y la armada de Joseon se enfrentaron una vez más a la flota japonesa frente a la costa de Sacheon, en la provincia de Gyeongsang del Sur.

La armada japonesa había traído un total de 13 barcos (12 grandes buques de guerra y 1 más pequeño) para hacerse con el control del mar.

Pero esta vez, la armada de Joseon tenía un arma muy especial.

¡No era otro que el legendario Barco Tortuga!

El Barco Tortuga estaba cubierto de una armadura de hierro de proa a popa, lo que lo hacía impermeable a las flechas y balas enemigas.

El almirante Yi Sun-sin había estudiado, mejorado y transformado este barco en un arma aún más poderosa.

Liderando la carga con el Barco Tortuga, la armada de Joseon atacó ferozmente y destruyó los 13 barcos japoneses.

Sin embargo, durante la batalla, el almirante Yi recibió un disparo en el hombro izquierdo.

Aun así, el almirante ignoró el dolor y luchó hasta el final, ¡llevando a su flota a otra gloriosa victoria!

El 2 de junio de 1592, estalló otra feroz batalla frente a la costa de Dangpo, en Tongyeong, provincia de Gyeongsang del Sur.

Dirigida por el almirante Yi Sun-sin, la armada de Joseon triunfó una vez más, derrotando a 21 buques de guerra japoneses.

Tres días después, la armada de Joseon persiguió a las fuerzas japonesas hasta Danghangpo, también en Goseong, provincia de Gyeongsang del Sur.

La armada japonesa, derrotada en la batalla de Dangpo, había huido a Danghangpo para esconderse.

El almirante Yi envió primero tres barcos para explorar cuidadosamente la zona.

El almirante Yi envió primero tres barcos para explorar cuidadosamente la zona.

Y el informe decía:

"¡El enemigo está aquí!"

El almirante Yi Sun-sin dio inmediatamente la orden de atacar.

La armada de Joseon cargó sin miedo, destruyendo los 26 barcos japoneses y derrotando a innumerables soldados enemigos, incluido su comandante.

Gracias al almirante Yi Sun-sin y a la armada de Joseon, el mar permaneció seguro y muchas fuerzas japonesas fueron rechazadas.

Cinco días después, la armada de Joseon avistó la flota japonesa frente a la costa de Guirulpo, en la isla de Geoje.

El almirante Yi Sun-sin dirigía 23 barcos,
el almirante Yi Eok-gi dirigía 25 barcos,
y el almirante Won Gyun dirigía 3 barcos,

¡lo que hacía un total de 51 buques de guerra de Joseon persiguiendo a la flota japonesa!

La armada japonesa se dirigía a Busan con cinco barcos grandes y dos de tamaño mediano.

Pero cuando la armada de Joseon los persiguió rápidamente, los japoneses intentaron escapar a tierra.

Sin embargo,
¡no pudieron superar la velocidad de la armada de Joseon!

Al final, los siete barcos japoneses fueron destruidos y su comandante, junto con muchos soldados, cayeron en la batalla.

"¡Hurra...! ¡Hurra...!"

¡El mar seguía perteneciendo a la armada de Joseon!

En julio de 1592, el ejército japonés intentó avanzar hacia la isla de Gadeok, situada entre Busan y la isla de Geoje.

El comandante supremo japonés, Toyotomi Hideyoshi, dio la orden a sus soldados:

"¡APLASTAD A LA ARMADA DE JOSEON!"

En respuesta, la armada japonesa reunió alrededor de 70 barcos y se congregó en el estrecho de Geonnaeryang, entre Geoje y Tongyeong.

Pero...
¡Geonnaeryang era un lugar increíblemente estrecho y peligroso!

Sin embargo, el almirante Yi Sun-sin se aprovechó de esto y preparó una trampa brillante.

El almirante Yi Sun-sin envió algunos buques de guerra a Geonnaeryang para atraer a la armada japonesa. Cuando el ejército de Joseon se retiró intencionadamente, los japoneses pensaron:

"¡JA, JA! ¡EL EJERCITO DE JOSEON ESTA HUYENDO!"

y los persiguieron hacia la isla de Hansan.

En ese momento,
el almirante Yi Sun-sin golpeó el tambor y ordenó:

"¡COMO UNA GRULLA QUE EXTIENDE SUS ALAS!"

La armada de Joseon se desplegó en formación circular, utilizando la táctica "Hak Ik Jin".

Los barcos tortuga lideraron la carga, ¡y otros barcos de batalla los siguieron! Y la armada de Joseon rodeó completamente a las fuerzas japonesas.

Como resultado, ¡59 barcos japoneses fueron destruidos! Japón perdió 9000 soldados, ¡y los soldados restantes se apresuraron a huir!

Sin embargo, la armada de Joseon no perdió ni un solo barco. Esta victoria obligó a los japoneses a abandonar su plan de rodear la costa sur y dirigirse hacia los mares occidentales.

¡Una gran victoria lograda gracias a la sabiduría y el coraje del almirante Yi Sun-sin!

dijo el almirante Yi Sun-sin, ¡y partió de nuevo! Frente a la costa de Angolpo, cerca de Changwon y Jinhae, en la provincia de Gyeongsang del Sur, la armada de Joseon derrotó a 81 barcos japoneses.

A las fuerzas japonesas les resultaba cada vez más difícil transportar y abastecer a sus tropas, ¡y la armada de Joseon avanzaba sin cesar hacia Busan!

El 1 de septiembre de 1592, esta vez la armada de Joseon se dirigió hacia Busanpo, el bastión de las fuerzas japonesas.

"Hay tantas tropas japonesas en tierra, ¡y hay una gran cantidad de barcos en la costa!"

Los japoneses habían anclado nada menos que 470 barcos en Busan. El almirante Yi Sun-sin reflexionó:

"¿Cómo puedo luchar contra una fuerza tan grande?"

"¡Sí, un ataque sorpresa es lo que necesitamos!"

La armada de Joseon, liderada por el vicealmirante Jeong Un, cargó primero.

"¡Fuego! ¡Hundid los barcos!"

Ante el feroz asalto de la armada de Joseon, las fuerzas japonesas fueron tomadas por sorpresa y se lanzaron al mar.

Pero como no estaban preparadas, más de 100 de sus barcos fueron rápidamente destruidos.

Sin embargo, durante esta batalla, el valiente vicealmirante Jeong Un fue asesinado... Pero el almirante Yi Sun-sin no podía permitirse el lujo de detenerse en su dolor.

"¡Venguemos a Jeong Un!"

Poco después, el almirante Yi Sun-sin lideró otro ataque y continuó con sus victorias, derrotando a la armada japonesa en la batalla de Uengpo y en la segunda batalla de Danghangpo.

Gracias a estas victorias, la armada de Joseon cortó por completo las líneas de suministro japonesas.

Después de la batalla de la isla de Hansan en febrero de 1593, las fuerzas japonesas aún controlaban varias partes de la costa sur.

"¿El enemigo se está reuniendo en Uengpo? ¡No podemos dejar que escapen de nuevo!"

Yi Sun-sin, Yi Eok-gi y Won Gyun, la armada de Joseon luchó contra las fuerzas japonesas del 10 de febrero al 6 de marzo de 1593.

Al derrotar a más de 100 barcos japoneses, la armada de Joseon logró una vez más una gran victoria.

Ahora, las fuerzas japonesas en los mares del sur empezaron a sentir la presión y la crisis en aumento.

Un año después, las fuerzas japonesas se dirigían hacia Danghangpo, en Goseong, provincia de Gyeongsang del Sur.

Una flota de 31 barcos se dirigía hacia Danghangpo. ¡Pero el almirante Yi Sun-sin no podía quedarse de brazos cruzados!

"¡Despliega la formación Hakikjin!"

La armada de Joseon rodeó al enemigo utilizando la táctica Hak ik jin, como una grulla extendiendo sus alas.

"¡Disparad las flechas de fuego!"

Con flechas y cañones llameantes, ¡los barcos tortuga cargaron hacia delante! Los 31 barcos japoneses fueron hundidos, ¡y la armada de Joseon logró una victoria perfecta!

Las fuerzas japonesas en los mares del sur fueron desapareciendo gradualmente, y la armada de Joseon trasladó su cuartel general de nuevo a la isla de Hansan.

Tras las victorias en la batalla de Uengpo y la segunda batalla de Danghangpo, los mares que rodean Joseon volvieron a ser seguros.

El almirante Yi Sun-sin fue nombrado comandante de las fuerzas navales de las tres provincias, supervisando las armadas de las provincias de Gyeongsang, Jeolla y Chungcheong.

En 1594, Japón estaba negociando la paz con Joseon y la dinastía Ming. Sin embargo, las fuerzas japonesas permanecieron estacionadas en los mares del sur, sin mostrar intención de poner fin a la guerra.

Como resultado, el ejército de Joseon decidió lanzar un ataque para expulsar por completo a las fuerzas japonesas.

En Jangmunpo, la armada liderada por Yi Sun-sin y el ejército liderado por Gwak Jae-u y Kim Deok-ryeong unieron fuerzas. Pero las fuerzas japonesas se escondieron en la fortaleza de la isla de Geoje y se negaron a moverse.

La flota de Joseon intentó atraer a las fuerzas japonesas, pero los japoneses no quisieron luchar.

Las fuerzas japonesas se centraron únicamente en defender su fortaleza en tierra, evitando la batalla en el mar.

Al final, las fuerzas de Joseon solo lograron destruir dos pequeños barcos japoneses sin una gran batalla.

Pero surgió un problema.

Esta batalla no fue liderada por el almirante Yi Sun-sin, sino por Yun Du-su, el comandante de las Tres Provincias, y otros valientes generales también se opusieron a la batalla, considerándola una medida demasiado arriesgada.

Sin embargo, Won Gyun acusó a Yi Sun-sin de no luchar deliberadamente y le culpó de no participar activamente.

Como resultado, comenzó a formarse una situación desfavorable para Yi Sun-sin.

A pesar de seguir dispuesto a luchar por el país y su pueblo, las trampas políticas lo estaban llevando lentamente a una crisis.

Joseon, Ming y Japón seguían inmersos en conversaciones de paz para poner fin a la guerra.

Sin embargo, las exigencias de Japón eran tan irrazonables que en septiembre de 1596 las negociaciones fracasaron.

Como resultado, en 1597, Japón invadió Joseon una vez más.

¡Esta fue la "Guerra de Jeongyu", la segunda guerra de la Guerra de Imjin!

Justo antes de que se reanudara la guerra, el almirante Yi Sun-sin sufrió una gran crisis.

Al escuchar rumores de que las fuerzas japonesas se dirigían hacia los mares del sur, la corte de Joseon ordenó a Yi Sun-sin que capturara al comandante enemigo.

Pero Yi Sun-sin respondió con cautela, diciendo:

"Esto podría ser una trampa de las fuerzas japonesas…"

Una vez más, Won Gyun acusó a Yi Sun-sin de desobedecer las órdenes reales, alegando que no había seguido la orden del rey.

Como resultado, en marzo de 1597, Yi Sun-sin fue arrestado y encarcelado injustamente.

Fue sometido a un duro interrogatorio durante 28 días y se enfrentaba a la amenaza de ejecución.

Sin embargo, el vasallo civil Jeong Tak suplicó

"Yi Sun-sin es un héroe de la nación; debe ser perdonado".

Gracias a su súplica, Yi Sun-sin evitó la ejecución, pero fue despojado de su cargo oficial y arrastrado al campo de batalla como soldado.

A partir de ese momento, se convirtió en un soldado sin rango.

A pesar de ello, la corte de Joseon destituyó a Yi Sun-sin y nombró a Won Gyun comandante de las Fuerzas Navales de las Tres Provincias.

La pregunta seguía siendo:

¿Podrá Won Gyun defender a Joseon adecuadamente...?

Después de que Yi Sun-sin fuera incriminado y encarcelado, Won Gyun se convirtió en el Comandante Supremo de la Armada de Joseon.

Sin embargo, a diferencia de Yi Sun-sin, que era un estratega prudente, Won Gyun era imprudente y codicioso como líder.

Al final, en julio de 1597, la armada japonesa lanzó otro ataque a gran escala, y Won Gyun se enfrentó a ellos sin tácticas adecuadas.

Como resultado, la armada de Joseon quedó casi completamente destruida, y se perdieron importantes comandantes como Lee Eok-gi y Choi Ho.

Como era de esperar, Won Gyun también murió.

Además, de los 130 barcos de la flota, 120 fueron hundidos, y casi todos los 13 000 soldados de Joseon fueron aniquilados, y solo unos 10 barcos lograron escapar.

Así es. La armada de Joseon, que Yi Sun-sin había construido, fue destruida en un instante.

Tras esta gran derrota, la corte de Joseon cayó en estado de shock y miedo. Ya no tenían fuerzas para detener a Japón en el mar, y la situación en tierra también era desfavorable.

Al final, la corte de Joseon volvió a nombrar a Yi Sun-sin comandante de la Armada de las Tres Provincias.

Cuando Yi Sun-sin regresó, solo quedaban 12 barcos de los 130 originales, y solo 120 soldados sobrevivieron de los 13 000.

¿Podría ser tan desesperanzador?

El ejército japonés creía que la armada de Joseon había desaparecido por completo.

En ese momento, la corte decidió disolver la armada y mantener solo el ejército para luchar.

Pero el almirante Yi Sun-sin no se rindió. Presentó un informe al rey, diciendo:

"Todavía me quedan 12 barcos. ¡Si luchamos con todas nuestras fuerzas, seguro que ganaremos!"

Impresionada por la fuerte voluntad del almirante Yi Sun-sin, la corte decidió mantener la armada de Joseon.

Conmovidos por su determinación, los soldados comenzaron a reunirse uno a uno y poco a poco empezaron a recoger armas.

Kim Eok-chu, el oficial militar de la provincia de Jeolla, se unió con un solo barco, lo que elevó el número total de barcos a 13.

Sin embargo, este era un número absurdamente pequeño en comparación con los 133 barcos de Japón.

"¿Cómo podemos superar esta desventaja?"

El almirante Yi Sun-sin decidió luchar en Uldolmok (estrecho de Myeongnyang). Este lugar tenía aguas estrechas y turbulentas, con forma de cuello de botella, donde los barcos grandes no podían moverse fácilmente.

Las aguas de Uldolmok fluían rápidamente, haciendo un fuerte ruido. Aquí, los grandes barcos no podían maniobrar fácilmente. Yi Sun-sin pensó

"¡Si luchamos aquí, podemos ganar!"

Por la mañana, la enorme flota japonesa de 133 barcos se adentró en el estrecho de Myeongnyang.

"¡JA, JA! ¡AHORA LA ARMADA DE JOSEON ESTA ACABADA!"

Las fuerzas japonesas confiaban en que su número les garantizaría la victoria.

En ese momento, el barco que transportaba al almirante Yi Sun-sin se movió audazmente hacia el frente.

Yi Sun-sin gritó:

"Los que buscan la muerte vivirán, los que buscan la vida morirán".

Envalentonada, la armada de Joseon disparó grandes cañones y flechas llameantes, lanzando un asalto contra la flota japonesa.

"¡Toma estas flechas de fuego!"

Las flechas llovieron como una tormenta sobre los barcos japoneses.

"¿EH? ¡EL BARCO NO SE MUEVE COMO DEBERIA!"

Debido a la rápida corriente, los barcos japoneses chocaron entre sí y se balancearon.

En ese momento, los barcos liderados por Kim Eung-ham, que reforzaban las fuerzas de Joseon, se unieron a la batalla.

"¡Almirante! ¡Le ayudaremos!"

Con fuerzas renovadas, las fuerzas de Joseon lucharon aún más duro contra los japoneses.

¡Una victoria milagrosa! Cuando terminó la batalla, ¡los 13 barcos de Joseon habían sobrevivido! Sin embargo, 31 barcos japoneses se hundieron y muchos otros sufrieron daños irreparables o huyeron en retirada.

¡Fue una victoria tan milagrosa que parecía casi increíble!

Como resultado, las mareas de la guerra cambiaron y la armada de Joseon comenzó a recuperar el control de los mares.

Tras sufrir una gran derrota en Myeongnyang en 1597, las fuerzas japonesas se retiraron a la costa sur de Corea.

Al año siguiente, en 1598, cuando Toyotomi Hideyoshi de Japón falleció, los japoneses decidieron retirarse de Joseon.

Para regresar a salvo, los japoneses sobornaron en secreto al general Ming, Jin Lin, pidiéndole que hiciera la vista gorda y les permitiera pasar a salvo.

Al principio, Jin Lin consideró conceder su petición. Sin embargo, el almirante Yi Sun-sin se opuso firmemente, diciendo:

"¡No podemos permitir que las fuerzas japonesas que atormentaron a Joseon se vayan sin consecuencias!"

Impresionado por la valentía del almirante Yi Sun-sin, Jin Lin decidió unir fuerzas con él para bloquear la retirada japonesa.

"Este es el camino que deben tomar los japoneses. ¡Debemos detenerlos aquí!"

El almirante Yi Sun-sin ocultó las armadas de Joseon y Ming a ambos lados del estrecho, esperando a que el enemigo se acercara.

En la oscuridad del amanecer, las fuerzas japonesas lanzaron un ataque sorpresa. Sin embargo, el almirante Yi Sun-sin ya estaba completamente preparado.

"¡Ahora! ¡Al ataque!"

Las flechas llovieron como una tormenta y los enormes buques de guerra quedaron envueltos en llamas.

"¡AHH! ¡RETIRADA!"

Las fuerzas japonesas entraron en pánico e intentaron retroceder, pero el camino ya estaba bloqueado.

"¡Defendemos los mares de Joseon!"

El almirante Yi Sun-sin y sus soldados lucharon ferozmente, enfrentándose a las fuerzas japonesas que avanzaban en una batalla final e intensa.

En ese momento,

una bala de las fuerzas japonesas alcanzó al almirante Yi Sun-sin, ¡y se desplomó!

A pesar del dolor, el almirante Yi Sun-sin, preocupado por su país y sus compañeros soldados, los animó:

"No habléis de mi muerte mientras la batalla aún esté en curso…"

Su voz, llena de preocupación por su nación, resonó sobre el mar.

El sobrino del general, Yi Wan, gritó:

"¡Luchemos hasta el final por el almirante!"

y condujo a los soldados a la batalla.

El general Ming Jin Lin, conmovido hasta las lágrimas, susurró:

"Oh... almirante Yi Sun-sin...".

La armada de Joseon y las fuerzas Ming estaban sumidas en el dolor por la muerte del almirante Yi Sun-sin, y el mar entero parecía hacerse eco del luto.

Por donde pasaba el cortejo fúnebre de Yi Sun-sin, la gente lloraba y se agarraba a los carros, incapaz de dejar que avanzaran. Tenía 54 años en ese momento.

Con esta batalla final, las fuerzas japonesas se retiraron completamente de Joseon.

Y la guerra con Japón, que había durado siete años, finalmente llegó a su fin.

Después de la muerte del almirante Yi Sun-sin, el rey le concedió el título póstumo de "Chungmu".

Este título combina el significado de "Chung", que representa la lealtad, ya que significa proteger al gobernante incluso ante el peligro.

Mientras tanto, "Mu" se refiere a la destreza militar, que simboliza la derrota de los enemigos invasores.

¡Sirve para honrar y conmemorar para siempre al almirante Yi Sun-sin!

Fue un héroe que luchó sin miedo a perder la vida, dedicándolo todo a proteger al pueblo y al país contra la invasión de Japón.

충무 이순신

Hoy en día, en Seúl, Corea del Sur, hay una calle llamada "Chungmuro", que recibe su nombre del título póstumo del almirante Yi Sun-sin.

En el corazón de Seúl, en la plaza Gwanghwamun, se alza una enorme estatua del almirante Yi Sun-sin, que sostiene una espada en una mano y se yergue erguido con una expresión feroz, simbolizando su valentía.

Tanto los coreanos como los extranjeros que contemplan esta estatua recuerdan el sacrificio, la lealtad y el amor infinito que el almirante Yi Sun-sin sentía por su país y su pueblo.

Es un legado que sigue grabado en sus corazones.

Historia de Corea fácil de aprender - ¡Para niños y adultos! Con ilustraciones para un aprendizaje completo

Disponible en Amazon

www.ingramcontent.com/pod-product-compliance
Lightning Source LLC
LaVergne TN
LVHW062048070526
838201LV00080B/2288

9791193438244